走遍世界
很简单

ZOUBIAN SHIJIE HENJIANDAN

南非大探秘

NANFEI DATANMI

知识达人 编著

成都地图出版社

图书在版编目（CIP）数据

南非大探秘 / 知识达人编著 . — 成都 : 成都地图
出版社 , 2017.1（2021.10 重印）
（走遍世界很简单）
ISBN 978−7−5557−0268−9

Ⅰ . ①南… Ⅱ . ①知… Ⅲ . ①南非（阿扎尼亚）—概
况 Ⅳ . ① K947.8

中国版本图书馆 CIP 数据核字 (2016) 第 079873 号

走遍世界很简单——南非大探秘

责任编辑：魏玲玲
封面设计：纸上魔方

出版发行：成都地图出版社
地　　址：成都市龙泉驿区建设路 2 号
邮政编码：610100
电　　话：028 − 84884826（营销部）
传　　真：028 − 84884820

印　　刷：唐山富达印务有限公司
（如发现印装质量问题，影响阅读，请与印刷厂商联系调换）

开　　本：710mm × 1000mm　1/16
印　　张：8　　　　　　　**字　　数：**160 千字
版　　次：2017 年 1 月第 1 版　**印　　次：**2021 年 10 月第 4 次印刷
书　　号：ISBN 978−7−5557−0268−9
定　　价：38.00 元

前 言

　　美丽的大千世界带给我们无限精彩的同时，也让我们产生很多疑问：世界上到底有多少个国家？美国到底在什么地方？为什么奥地利有那么多知名的音乐家？为什么丹麦被称为"童话之乡"？……相信这些问题经常会萦绕在小读者的脑海中。

　　为了解答这些问题，我们精心编写了这套《走遍世界很简单》系列丛书，里面包含了世界各国丰富的自然、地理、历史以及人文等社会科学知识，充满了趣味性和可读性，力求让小读者掌握最全面、最准确的知识。

　　本系列丛书人物对话生动有趣，文字浅显易懂，并配有精美的插图，是一套能开拓孩子视野、帮助孩子增长知识的丛书。现在，就让我们打开这套丛书，开始奇特的环球旅行吧！

路易斯大叔

美国人，是位不折不扣的旅行家、探险家和地理学家，足迹遍布全世界。

多多

10岁的美国男孩，聪明、活泼好动、古灵精怪，对一切事物都充满好奇。

米娜

10岁的中国女孩，爸爸是美国人，妈妈是中国人，从小生活在中国，文静可爱，梦想多多。

目 录

目 录

　　自从南非世界杯结束后，多多和米娜就对南非这片神奇的土地产生了浓厚的兴趣。

　　喜欢冒险的他们总是对未知事物充满好奇。"我们去说服路易斯大叔，让他带我们去南非吧！"多多说。

　　在他们软磨硬泡下，路易斯大叔终于答应带他们去南非。

　　"听说南非很富有，是不是到处都是金子啊？"米娜好奇地问。

"是不是到处都有老虎、狮子、大象、猎豹呢，我们可以在马路上与野兽同行吗？如果动物们愿意，我可以带一只回来，哈哈……"多多总是喜欢异想天开。

"你们这两个小孩儿，就知道做白日梦。南非虽然盛产钻石和黄金，矿产资源非常丰富，但也不会到处都是黄金啊。动物当然也很多，但也不至于随处都是。那里有一望无际的草原，美丽的自然风光，神奇的南非部落，到了你们就知道什么是真正的南非了。"路易斯大叔故意卖关子。

"听说可以吃到几百种动物的肉呢？对了，好像叫百兽宴，我的口水都快流出来了……"多多兴奋地说。

　　"你怎么老想着吃，难倒不知道许多动物都快要灭绝了吗？我们要保护这些珍稀动物，否则的话，有一天地球上恐怕就只剩下人类了。"米娜打断他说。

　　飞机在茫茫云海中穿行，米娜和多多激动得心脏几乎要跳出来了。

　　"南非，南非，或许会看到真正的狮子，或者会捡到大块大块的金子……"多多想着想着竟然甜蜜地睡着了，睡着的时候脸上还挂着笑容。

　　米娜则好奇地睁着一双美丽的大眼睛，看着窗外的一切。对米娜来说，南非是一个让她无比向往的地方。

　　"孩子们，马上就到目的地了。整理好你们的行装，穿好防晒衣，抹上防晒霜，天气预报说，

现在南非的温度是38℃。"路易斯大叔提醒道。

"哇，原来每年的12月～次年1月是南非的夏季，也是南非最热的时候，看来我们又能享受日光浴了。"米娜喊道。

米娜摇醒了正在梦中的多多。"真热啊！"多多嘟囔着。

飞机停了，他们顺利到达了开普敦。刚出机舱，一股热浪迎面扑来，这是南非送给他们的第一份见面礼，热浪亲吻着多多和米娜的脸颊，两个小家伙对着天空大喊："南非，我们来了！"

第1章

美丽的断桥

开普敦是南非的第二大城市，也是南非的立法首都。行走在开普敦的街头，到处都是充满欧洲风情的特色建筑。

"开普敦为什么被认为是世界上最美的城市之一呢？"米娜不解地问。在米娜看来，开普敦有很多不足的地方。

"你们看，那座断桥一点儿也不好看。"米娜发现了开普敦的不足之处，这座断桥位于市中心地带，真是大煞风景。

　　"是啊,看那些张牙舞爪的钢筋,还有那些挂在上面的混凝土,看起来像个大妖怪。"多多也附和着说。

　　"孩子们,其实这正是开普敦的魅力所在,这其中有一个很生动的故事,我给你们讲讲。当时设计这座桥是为了让它成为一个重要的交通枢纽,后来因为计算错误和建筑材料偷工减料,以致桥建到一半时便突然倒塌,当时有3名建筑工人当场死亡。"路易斯大叔说。

　　"那后来呢?为什么不把这座桥给拆掉重建呢?"米娜不明白。

　　"是啊,为什么还要留到现在呢?"多多也很不解。

　　"后来,设计师跳楼自杀,而当时的开普敦建设局局长被判3年有期徒刑。"路易斯大叔说。

　　本来整座断桥应该被尽快处理掉，因为这毕竟不是什么光彩的事情，但当时正在服刑的建设局局长却强烈要求留下这座桥，以便让更多的人从中吸取教训。

　　"那后来呢，为什么会保留下来了呢？"米娜望着断桥问。

　　原来不仅仅是局长要求保留这个烂尾工程，就连死者家属也联名全体市民要求将这座断桥保留下来。他们认为"流过血的伤口会永远有伤疤，但不承认伤疤的城市是虚弱的。"

后来政府将这里列为旅游景点，对外开放。而且历任建筑局长都要在这里进行就职仪式。从这座断桥事故后，开普敦便成为世界上工程事故发生率最低的城市了。

"现在你们还认为这座桥很丑陋吗？"路易斯大叔问。

"不，我认为这座桥是责任和勇敢的象征，因为敢于正视自己缺点的城市才是最美丽的。"米娜说。

"是啊，一座城市的美不仅仅是它的外表，就像人一样，还要看它的精神内涵。"多多也动情地说。

在开普敦的第一天，多多和米娜都感觉到这个城市的与众不同，这里既有如梦如幻的迷人自然风景，又有独具特色的人文景观，还有不同肤色善良而友好的人们，更主要

的是这里有一种民族的智慧，有一种让人钦佩的民族精神。

正是通过这座断桥，游人们才真正看到了开普敦人的胸怀和美丽。

"这也许会是我来南非最大的感触，也会是最让我难忘的一幕。"米娜感慨道。

"孩子们，你们说得真好啊！开普敦带给我们的不仅仅是新鲜刺激，最重要的是它触动了我们的灵魂。"路易斯大叔总结道。

第2章

上帝的餐桌

车子在开普敦穿行时，米娜无意中看到了一个巨大的"餐桌"。

"这'餐桌'好高好平坦啊，坐在上面吃饭一定很奇怪吧！"米娜异想天开地说。"哪里啊？让我看看。"多多迫不及待地问。

"那边，看到了吗？上面是蓝天白云，你见过这样的美景吗？"米娜说。

"那可是南非著名的'上帝的餐桌'，只有上帝他老人家才配在那里吃饭啊！"路易斯大叔笑着说。

桌山是开普敦标志性的山脉，主峰海拔1086米，不但是南非著名的风景区，也是著名的自然保护区。远远望去，桌山仿佛是悬在半空中的一张平坦的餐桌，上面的白云便是最好的桌布。

"我们现在就去看看，好吗？路易斯大叔。"米娜又开始撒娇了。

"好吧，让你们一饱眼福。"路易斯大叔很爽快地回答。

来看"上帝餐桌"的人真多啊！他们足足排了一个小时的队，才坐上期盼已久的缆车。桌山上的缆车是世界上第二部可旋转360°的缆车，第一部是在瑞士。缆车每车可乘65人，从山脚升到山顶，正好旋转一周，为乘客提供360度全方位开放视野。

"看看那些群山，连绵不绝，如果没有雾就更好了。"米娜有些遗憾地说。

"这就像雾里看花，这样看的效果是最美的，我们好像在太空漫游啊！"多多开玩笑地说。

是啊，周围雾气萦绕，如梦如幻。"这里为什么会有这么多的雾呢？"米娜不解地问。

路易斯大叔给他们详细地解释了一下，原来桌山主峰海拔非常高，且位于印度洋和大西洋交汇处。这里属于地中海型的奇特气候环境，所以山上才会终年云雾缭绕，让人如身处梦幻中。但偶尔也可以看到雾气散去后桌山的全貌。

桌山在开普敦的西部，山上有很多奇峰怪石，如狮子头、魔鬼峰等。远远望去，这些山峰姿态万千、巍峨秀丽，让人目不暇接。

说来奇怪，山中雾气升腾，山顶上空却是白云缭绕，当太阳落山时，白云映着晚霞，简直美极了。

"我真想在这里饱餐一顿，如果上帝能来陪我的话，那就更好了。"多多望着天上的白云说。

"哈哈，调皮的小家伙，你就在这里等着上帝光临吧，我们可要回去了。"路易斯大叔调侃道。

"那是什么港口，我看到了忙忙碌碌的人。"米娜好奇地问。

　　原来米娜看到的是整个维多利亚港湾繁忙的作业。远近海景尽收眼底，那碧蓝的海面，迷人的风景，忙碌的人群，让米娜感觉自己仿佛身处世外仙境。

　　突然米娜感到脚下有东西在动，她低头一看，一只小动物正吃着她脚上沾着的蛋糕屑呢。这些小动物胆子可真大，它们根本没把人放在眼里，想必他们认为自己才是桌山上真正的主人吧！

　　多多也有新的发现，桌山上的小动物很多，这些小家伙三个一群，五个一伙，大模大样地走来走去，有的还直接跳到游人身边，讨要好吃的东西。

　　其实桌山保护区内有2000多种濒临绝种的原生植物，约150种鸟

类及岩兔、狒狒等小型野生动物。

　　"我真羡慕这些小动物们，它们能生活在如此优美的地方，连我也想变成一只小动物，永远待在这里。"米娜真诚地表白。

　　多多和路易斯大叔都笑了，他们一起说："可爱的小动物，你留在这儿吧，我们可要走了。"

　　看他们真的要走了，米娜才依依不舍地挥手跟桌山说"再见"。

第3章

死亡之角历险

第二天，还没来得及好好休息，多多便缠着路易斯大叔带他们去周围看看。路易斯大叔禁不住多多不停地纠缠，便答应他了。

路易斯大叔租了部越野车，载着他们在开普敦的街道上穿行。米娜和多多兴奋地大喊大叫，仿佛刚出笼的小鸟。

"哇，这里的交通真发达啊！你看那些立交桥，还有那些高楼大厦，这里很像欧洲啊！"多多忍不住说。

"好美的风光，看那些绿色的草地，还有森林，这里的人们就像生活在世外桃源，真让人羡慕啊！"米娜也兴奋地说。

路边的草地上有成群的长颈鹿，有可爱的鸵鸟，有悠闲散步的大象。各种各样的花沿途开放，好像在欢迎他们的到来。多多和米娜央求路易斯大叔停车让他们欣赏一下，哪怕跟斑马打声招呼也好啊，可是路易斯大叔把车开得飞快，根本没有要停下来的意思。

"路易斯大叔，原来南非这么现代化，这么美。"多多瞪大眼睛赞叹道。

"开普敦是南非的首都，所以现代化程度高一些也是应该的。"路易斯大叔随口说道。

"可是我听说南非的首都不是比勒陀利亚吗？"多多不解地问。

"你说得没错，其实南非有三个首都。"路易斯大叔不紧不慢地说。

"三个首都？很有意思，可是中国和美国等很多国家都只有一个首都啊！"米娜吃惊地说。

"是啊，南非拥有三个首都，在世界上也是独一无二的，这三个首都分别是立法首都开普敦，行政首都比勒陀利亚，司法首都布隆方丹。"路易斯大叔一边开车一边回答。

"那南非的最南端是哪里呢？"米娜问。

"那就是有名的好望角，也就是今天我要带你们去体验的地方。"

好望角在南非共和国开普半岛的西南部，恰好位于印度洋和大西洋交汇的地方，又因为处于西风带，所以经常刮强大的西北风。11级的大风在这里经常出现，有时甚至还会出现12级的风暴。

终于到了目的地，车子停下后，他们刚下车就看到了一望无际的

海洋。海面巨浪翻滚，大概有一层楼的高度。第一次见到如此惊人的巨浪，多多真想冲过去，把自己变成飞得最高的那朵浪花。

"在这里冲浪的感觉一定妙极了，是吗，米娜？"多多大声喊。

"好吧，你快下去啊，去充当鲨鱼的午餐吧！鲨鱼一定很喜欢你的。"米娜笑着回应。

路易斯大叔仿佛看透了他们的心思，他叫来一艘游轮，游轮载着他们三个人在巨浪中穿行。

"这难道就是好望角吗？"多多有些兴奋地想。

起初浪头还不算太大，可是海上突然来了一阵飓风，瞬间天昏地

暗，风吹着尖利的口哨在海上打着

旋。此时海里的浪头仿佛长了一双魔法师的翅膀，呼啸

着涌来，好像要撕碎他们似的。

　　"我恐怕要死了，我的肠子都快吐出来了，米娜！"多多边吐边

扶着米娜的肩膀说。

　　"我也是，我觉得我快要被卷到大海里了，我们恐怕真的要去喂

鲨鱼了！"米娜说。

"你们终于知道什么才是真正的'死亡之角'了吧。"路易斯大叔也有气无力地说。

　　不知道过了多久，海面又变得风平浪静了，船渐渐平稳下来，此时的海洋仿佛恶作剧后的孩子一般静静睡着了。

　　"这个地方简直要了我的小命，不过倒是挺刺激的。"多多面色苍白地说。

　　路易斯大叔说："这可是南非著名的'死亡之角'啊。"

　　"哦，我曾在电视上看到过一部影片，讲的是英国巡洋舰来到这里时曾经遭遇了迎面扑来的大浪，当时水兵猝然跌落到了水中，几乎还没反应过来，本以为遭遇到了袭击，打算战斗时，才发现遇上了杀人巨浪。想必就是我们刚才遇到的杀人浪吧！"多多认真地说。

　　"没错，由于这里地理位置险要，风大浪急，很多船只都在这里葬身海底。"路易斯大叔说。

"怪不得叫'死亡之角'呢。"米娜吃惊地张大了嘴巴。

"那'好望角'的名字是怎样来的呢？"多多不解地问。

"其实这里最初叫'风暴角'，后来因为葡萄牙的探险家成功绕过了这里而驶入印度洋，然后载满黄金等回到葡萄牙，所以葡萄牙国王便把这里改名为'好望角'，用这个名字来表示绕过这里，便会带来美好的希望。"路易斯大叔抑扬顿挫地解释道。

"那我们刚才是不是也绕过了死亡，重新活了一次呢，呵呵！"多多调皮地说。

"是啊，绕过这里，以后我们会有好运的。"路易斯大叔也笑着说。

经历了这次冒险以后，多多和米娜相信，后面的南非之旅无论遇到怎样的困难，他们都将不再害怕。

第4章

可爱的小企鹅

多多和米娜一直以为南非只有狮子和野牛等野生动物，没有企鹅。其实南非有个著名的企鹅家园，它位于开普敦东海岸的西蒙镇，在这里被称为"漂砾"的小海湾。

一个阳光充沛的下午，路易斯大叔一行人驱车赶往企鹅岛，去拜访那些可爱的小家伙们。

企鹅岛环境非常优美，碧蓝色的海岸边是飞溅的雪白浪花，还有各种各样的岩石，绿色的灌木丛，小小的企鹅就生活在这个人间天堂般的地方。

"哈哈，好可爱啊，看它们走路的样子，多像个绅士。"米娜笑着说。

"是啊，它们外穿黑色的燕尾服，内着白色衬衣，像在舞台走秀，真好玩啊！只是走起路来有些摇摇晃晃的，好像喝醉了一般。"米娜的描述总是很生动。

多多拿着相机走过去，想与企鹅亲近一下，没想到一向看起来很温和的企鹅也有疯狂的时候，它们激动地跳起来，用嘴啄多多的相机。

路易斯大叔赶紧把多多拉开，据说有时候企鹅会啄破人的皮肤。

"你好，我喜欢你，请过来啊！"多多还想讨好企鹅，但此时小企鹅却大摇大摆地走了，绅士味十足，逗得米娜哈哈大笑。

非洲企鹅长得非常矮小，它们的肚皮雪白雪白的，身上穿着黑色的"风衣"，这种黑白相间的打扮是它们天然的保护色。自然界的很多动物都有天然的保护色，如变色龙、蚱蜢等，它们借助大自然中树叶或者草的颜色来掩护自己，让自己免遭其他动物的袭击。

"为什么这些企鹅总是成双成对呢，它们都是一对情侣吗？"多多很感兴趣地问。

路易斯大叔告诉他，这是企鹅祖先遗传下来的习惯，它

们总是一对一对地在海边踱步，有的长时间站立着，有的离得很近，像在窃窃私语。企鹅实行严格的一夫一妻制，一雌一雄，出双入对，非常恩爱。

"喂，还记得那个《帝企鹅日记》电影吗？"米娜突然想起了那部感人的电影中负责任的可爱的企鹅爸爸。

企鹅生蛋后，一般企鹅妈妈要出去找食物，而企鹅爸爸则要留下来保护蛋，直到小企鹅出生。

"为什么爸爸不去找食物，让妈妈在家来孵蛋呢？"米娜不明白地问。

"因为企鹅蛋是许多动物的美味，所以企鹅爸爸要留下来照看这些企鹅蛋。否则的话，这些蛋会被其他动物偷吃。在这期间，企鹅爸爸几乎不吃不喝。企鹅蛋要经过几十天才能孵化出来，企鹅爸爸在孵蛋期间从不离开，它们是最尽职的爸爸，而企鹅妈妈则要历经千辛万苦去捕鱼或虾。这些企鹅既可爱又负有责任感。"路易斯大叔说。

他们边聊边走，多多突然发现一个像鸭蛋一样的东西："这就是企鹅蛋吧。"

他非常喜欢这些企鹅蛋，他问路易斯大叔："我可以带一枚回去吗？"

"不可以的，南非人很爱护小动物，他们是决不允许任何人带走企鹅蛋的，你如果不听的话，会被送进警察局的，我可不是吓唬你啊！"路易斯大叔指着一个牌子说。

多多为自己的想法感到后悔，同时也对南非人关爱动物的行为竖起了大拇指。

"企鹅喜欢吃什么呢？"米娜很想了解这些可爱的小家伙，她甚至还想领养一只带回家呢。

"企鹅的胃口不错，别看它小，一只企鹅平均每天能吃约0.7千克食物。企鹅喜欢吃海鲜，南极磷虾是它们最喜欢的美食。"多多补充道。

“可是企鹅为什么会在南非出现？它是怎样来的呢？不是只有南极才有企鹅吗？”米娜问路易斯大叔。

　　“其实世界上有18种企鹅，有些甚至生活在热带，非洲企鹅是其中的一种。话说回来，南非人最初在现在这个海滩发现了两对被冲到沙滩上的小企鹅，于是便收养了小家伙们。企鹅在南非人的细心照顾下，越长越大，企鹅家族也越来越壮大。”路易斯大叔感慨地说。

　　其实这与南非政府保护动物的政策是密不可分的。南非政府和动物保护组织都加入了保护企鹅的行列，竭尽全力让企鹅在当地更好地生存、繁衍，所以现在南非企鹅数量才能达到3000多只。

　　望着这群可爱的小绅士，看着远处的海浪，感受着企鹅岛独特的魅力，米娜和多多陷入深深的沉思之中，他们多么希望全世界的人们都能和野生动物和谐相处啊！

企鹅为什么会在非洲生存？

非洲企鹅是一种珍贵的企鹅品种，虽然形体很小，看起来温顺可爱，但个个都是大嗓门，它们的叫声像驴一样，能发出让人难以置信的持续嚎叫声，所以又称"叫驴企鹅"。

许多人认为企鹅只住在寒冷的南极，气温超过0℃，企鹅便会生病。其实，真正生活在南极大陆的企鹅只有两种，而其他种类的企鹅大多数分布在南半球的许多岛屿，在南美洲的沿岸、非洲的南端、大洋洲等地都有企鹅。可见，企鹅不是只生活在南极，它们也可以生活在温带和热带。由于海水污染和人类对企鹅蛋的破坏，非洲企鹅数量锐减，保护非洲企鹅，需要每一个人的努力。

这一天，多多刚一睡醒，就来找米娜，商量着接下来该去哪里。

"下一站我们去哪儿呢？米娜，想不想去寻宝啊？"多多问。

"寻宝，去哪里？听说世界上最大的钻石是在南非发现的，真想去看看！"米娜的兴趣很快被调动起来了。

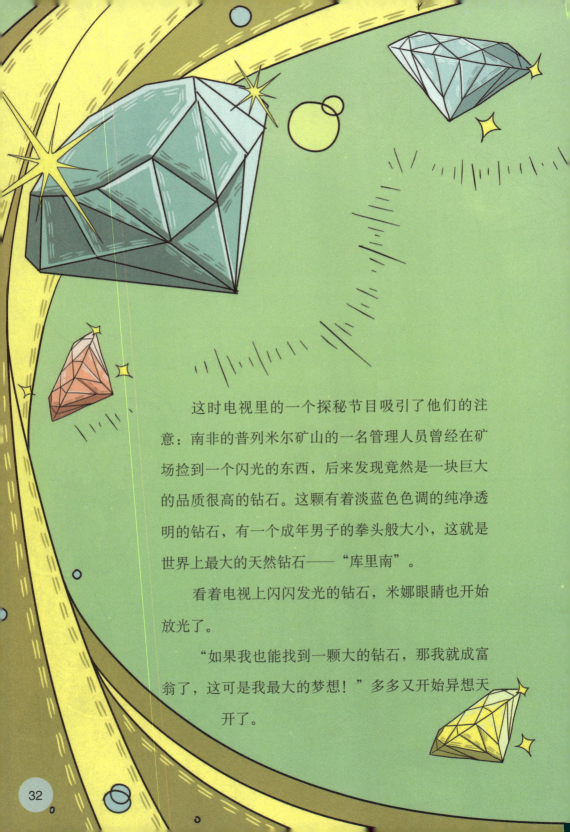

这时电视里的一个探秘节目吸引了他们的注意：南非的普列米尔矿山的一名管理人员曾经在矿场捡到一个闪光的东西，后来发现竟然是一块巨大的品质很高的钻石。这颗有着淡蓝色色调的纯净透明的钻石，有一个成年男子的拳头般大小，这就是世界上最大的天然钻石——"库里南"。

看着电视上闪闪发光的钻石，米娜眼睛也开始放光了。

"如果我也能找到一颗大的钻石，那我就成富翁了，这可是我最大的梦想！"多多又开始异想天开了。

"孩子们，今天我们就来一次寻宝之旅吧。"路易斯大叔这次好像比两个孩子还积极。

"哇，寻宝？那肯定是寻找钻石了。可是，钻石为什么会那么值钱呢？"多多问。

"你们不知道吧！钻石的形成要经过几千上万年甚至更长时间，你们可以想象一下它们有多么古老。"路易斯大叔说。

在路上，通过路易斯大叔的介绍他们才知道，钻石不但形成的时间很长，而且还需要高温和高压的共同作用，最重要的是挖掘起来难度很大。

"大自然好神奇啊！路易斯大叔，能告诉我们怎样才能找到钻石吗？非洲人是怎么找到那些钻石矿的？"米娜首先发问。

　　"钻石一般存在于金伯利岩管中，这种岩管一般
是由火山喷发形成的。"路易斯大叔说。

　　"那么也就是说只要找到这种金伯利岩，就会找
到钻石矿了？"多多急忙问。

　　"是啊，你小子很聪明啊，可以当矿石专家了。"路易斯叔
叔第一次正式夸奖多多。

　　正说着，他们来到了一个巨大的洞口前。"睁大眼睛，下面
我们可要开始正式寻宝了。"路易斯大叔的话让两个孩子激动得差
点儿跳起来。

　　"在哪里啊，快带我们去吧，路易斯大叔。"米娜有些迫不

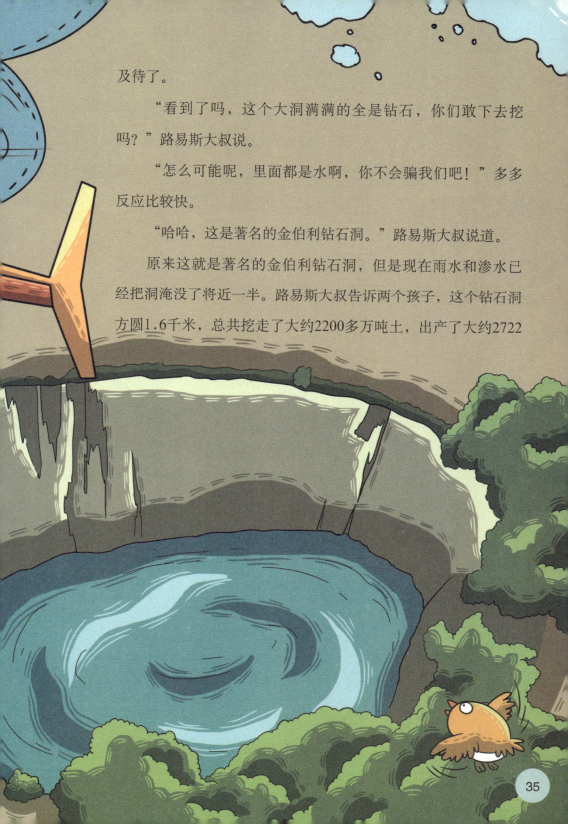

及待了。

"看到了吗，这个大洞满满的全是钻石，你们敢下去挖吗？"路易斯大叔说。

"怎么可能呢，里面都是水啊，你不会骗我们吧！"多多反应比较快。

"哈哈，这是著名的金伯利钻石洞。"路易斯大叔说道。

原来这就是著名的金伯利钻石洞，但是现在雨水和渗水已经把洞淹没了将近一半。路易斯大叔告诉两个孩子，这个钻石洞方圆1.6千米，总共挖走了大约2200多万吨土，出产了大约2722

千克钻石。1914年时，这里的石头全被挖光，所以便留下了这个著名的钻石洞。

"哇，这应该是世界上最贵的洞了。"米娜说。

"可是，我们现在只能凭借想象才能知道当年的辉煌了，真可惜啊！"多多叹息道。

为了满足孩子们的好奇心，路易斯大叔带着他们参观了金伯利钻石博物馆。在这里，他们看到了当年的淘宝工具，了解到当年"掘钻"的艰辛。

米娜和多多终于见识了钻石的复杂的加工程序。通过淘宝工具，他们知道了钻石一般要经过破碎，然后去分选，选出来后还要经过劈钻、锯钻、磨钻，最后还要进行清洗等程序。其中的诸多小程序就更不用说了。如果没有高超的记忆和丰富的实践经验，是无法从事钻石加工事业的。

"今天收获很大啊，米娜，我们好像找到了真正金光闪闪的钻石一样。"多多很满足地说。

"是啊，虽然没有找到梦想中的钻石，可是我们却实现了钻石般的梦想。能看到真正的金伯利钻石洞，了解采矿的过程，这是我们上过的最好的一课。"米娜颇有学问地说。

"哎哟，来了一次钻石洞，米娜都成小小学问家了，哈哈！"路易斯叔叔摸了摸米娜的头，赞赏地说。

"相信有一天，我会找到世界上最大的钻石，我的梦想一定能实现。"米娜自信地说。

"孩子们，一定会的，只要坚持梦想，就能实现辉煌。"路易斯大叔的话更加坚定了她的目标。

钻石会发光吗?

　　我们通常看到钻石会发光,其实不是钻石本身会发光,我们看到的光芒是色散作用的结果。这种光彩叫"火彩",它能反射出五光十色的彩光,主要以蓝光为主,所以我们经常会看到蓝色的宝石。在我们看到的许多天然宝石中,钻石的色散度最强。因此,钻石会发出彩色的光芒。

第6章

探险地下黄金城

"快起床，大懒虫，我们今天要去地下探险。"一大早米娜便扯着嗓子叫多多。

"喊什么喊，困死我了。"多多一边揉着眼睛，一边问，"你刚才说什么，去地下探险，真的吗？"

"路易斯大叔刚说完，今天我们要去世界上最大的地下黄金城！"米娜催促道。

多多一蹦三尺高，探秘地下黄金城这个计划已经让多多期待很

久了。

约翰内斯堡是世界上最大的黄金基地，而地下黄金城就位于约翰内斯堡附近。黄金城博物馆主要包括三个废弃的金矿，这里就像一座巨大而深邃的地下皇宫，最深处达3770米。

路易斯大叔的车子开始在约翰内斯堡大街上飞驰，这里的街道非常干净，街道两边是美丽的紫荆花，多多和米娜大口呼吸着这里新鲜的空气。

"这里真像国际大都市啊，到处是高楼大厦。"米娜说。

"看见那座高楼了吗，那就是高达50层的卡尔敦中心，国际上较大的黄金买卖都在那里交易。"路易斯大叔告诉孩子们。

"可是阳光太强了，我几乎不能睁开眼睛，快给我墨镜，米娜，

让我见识一下。"多多用手遮着眼睛喊道。

"太壮观了，真是不虚此行啊！"多多一路上不停地大喊大叫。

"别叫了，多多，安静点儿。孩子们，我们到了。"路易斯大叔边停车边说。

多多和米娜快速跳下车，跟在路易斯大叔后面来到目的地。

"带上安全帽，拿上矿灯，我们要深入220米的地下。"导游提醒道。

"哇，太酷了！带上安全帽你变得精神多了，多多。"米娜大喊道。

仿佛穿越时空般，一分钟后，坑道电梯就把他们送到了距离地面

200多米的坑道内。

"快看那些设施和贴画，看看那些工人叔叔们，他们多辛苦啊！"米娜小声说。

"坑道里的矿灯太暗，快打开手持矿灯。"导游说。

"哇，好暗啊，好可怕，我有点憋得慌了，你呢，米娜。"多多问。

"还好，你没感觉到有凉风吗？"米娜回答。

"这是人造的新鲜冷空气。很早以前，井下通风就是必需的，虽然那个时候没有空调，但是也有手动的通风设施。"导游解释道。

"听到水的滴答声了吗，好清晰，真想喝一口啊！"多多说。

　　"地下的水由于含有重金属，是有毒的，千万不能喝啊！"导游
警告道。

　　"可这些水都到哪里去了呢？"米娜总喜欢发问。

　　"这需要通过井下的排水系统把毒水排出去。这里虽然很狭窄，
但'麻雀虽小五脏俱全'。看，还有这边的酒吧，当年南非获得了橄
榄球世界杯的冠军，全队都来到这个酒吧庆祝了一番。"导游耐心地
讲解着。

　　"真神奇啊，我真想在这里睡一觉啊！"多多笑着说。

　　"接下来我们要参观黄金制作屋。相信一定会给大家带来惊
喜。"导游的话让两个孩子激动万分。

　　这时，他们看到了一个铁皮房子做成的黄金小屋，屋子前面有一
个高温炉和铸金的台子。

　　"请大家闭上双眼，让自己穿越时空回到100年前的淘金时

代。"广播里突然有声音说。

　　此时灯光熄灭了，四周漆黑一片，有敲打声、搬运声、淘洗声等慢慢传进耳朵里。一股热气扑面而来，整个房子好像变成了"大烘炉"。灯光突然又亮了起来，多多好奇地睁开眼睛，发现在"大烘炉"里有两个盛着金水的大容器。只见几个工人用大夹子把容器夹出来，然后把金水又倒进一个容器中。很快金水便冷却下来了，变成一块金光闪闪的大型金砖。

　　"好神奇啊，原来黄金是这样产生的。"米娜吃惊地张大了嘴巴。

原来要想把黄金融化，竟然需要至少1064.43℃！

"看来越美越昂贵的东西越要付出很大的代价啊！怪不得黄金那么贵呢。"多多说。

"没错，孩子们，这个矿井最深的地方达到3200多米，1吨黑色的矿石只能提炼4克黄金。你们知道这其中需要工人们多少汗与泪吗？"路易斯大叔好像很感慨地说。

是啊，通过这次穿越，两个孩子似乎一下子长大了，他们终于知道这个小小的矿洞里不仅有黄金，还有汗水与泪水、苦难与艰辛。

第7章

原始的土著人部落

"吃早餐了，孩子们。"一大早路易斯大叔的大嗓门便嚷开了。

"好香啊，这是什么东西，好像烤土豆的味道。"米娜兴奋极了。

"你们吃的是烧烤的甲虫幼虫，这可是最天然的营养品，很好吃吧？"路易斯大叔问。

"什么？真恶心。"米娜一边抱怨一边把嘴里的食物吐到一旁。

"你这小丫头，今天带你们去体验一下真实的原始部落人的生活，让你们长长见识。"路易斯大叔说。

"是土著人吗？我很想去亲自看看他们是怎样生活的。"多多说。

土著人喜欢跟大自然生活在一起，几万年来，他们一直和大自然和谐相处。在他们看来，所有天然的东西都是大自然赐给人类的礼物，他们满足于大自然给他们的一切。

"那为什么叫土著人呢，是不是因为他们是土生土长的本地人啊？"米娜问。

"有点道理，土著人一般指的是外来的种族到来之前，就已经生活在一个国家或者地区的人们。"路易斯大叔回答。

"那我们今天去的地方是不是也很落后贫穷呢？土著人会不会仇

视我们呢？"多多脑子里全是问号。

"哈哈，等我们到了你就知道了。"路易斯大叔笑着说道。

经过漫长的跋涉，车子终于拐入一片大森林，一棵棵高大的原始树木铺天盖地。他们的车子惊飞了鸟群，吓跑了野猪，这真是一片神奇的土地！

这时路易斯大叔他们看到了一个草屋。"看那个草屋，草屋上面有类似门一样的洞，洞口很大很原始，难道这就是土著人部落所住的房屋吗？"米娜好奇地问。

"是啊，这是象干人部落，祖鲁人的一支！他们用大象的粪便驱赶蚊虫，用一种特殊的树叶子做肥皂，用水牛棘的叶子当消炎药，他们用最原始的办法进行捕猎。一会儿你们就可以体验到了，快下车吧。"路易斯大叔催促道。

多多和米娜怀着无限好奇下了车，象干人用最热情奔放的舞蹈欢迎了路易斯大叔一行。他们的舞蹈非常狂野，都是即兴表演，像在捕猎又像在祭祀。多多看呆了，这些土著人如此认真的表演也让米娜很着迷，不知不觉中米娜也加入了舞蹈的队列。

南非的土著人最突出的特色便是服装和舞蹈，还有他们喜欢在身上纹上各种各样的花纹。他们喜欢用大自然的一切东西来装饰自己，比如说兽皮、羽毛、贝壳、兽骨等。而他们的舞蹈更像原始人在劳动，浑身上下充满了力与美。

多多和米娜很快便融入到他们之中，虽然听不懂语言，但象干人的眼神很干净，给人一种信任的感觉。

"男性跟着象干人去看如何打猎，女性去体验如何捕鱼和采果子。"导游的话让大家感觉很新奇。

拿着自制的弓箭、长矛，多多兴高采烈地走在队伍最前面。突然前面出现一群鹿，多多兴奋地大叫："快打啊！"

鹿群很快跑开了，导游说："你的声音太大，把鹿群都吓跑了吧。看到猎物要有耐心，注意不要弄出动静，除非想惊吓它们，然后猎杀那个跑得最慢的。"多多终于明白了自己的行为很不恰当。

很快，前面出现了一群羚羊，多多屏住呼吸，却突然听到人群大吼一声，羚羊四散逃走。多多还没明白怎么回事，跑在最后的那只羚羊便中了一箭，倒地身亡。

"原来这就是打猎的智慧啊，选择最慢的及时下手。"多多说。

此时的米娜正在河边用鱼篓捉鱼，女人们一边嘻嘻哈哈地在水边嬉戏，一边教米娜如何把网打开和收拢。正在米娜兴奋地等着鱼入网时，远处突然伸出一只鳄鱼头，米娜吓得撒腿就跑。

回去的路上，女人们喜欢将东西顶在头顶上，像在演杂技，可米娜不行，她总是无法保持平衡。

回到部落，米娜发现这里的日用品几乎都是天然的。杯子是大蜗牛的壳做成的，茶叶是柳枝；这里的白蚁也可以吃，他们有很多办法对付毒蛇，而且会养殖蜜蜂取食蜂蜜。

他们过着原始而天然的生活，这里没有现代文化，没有电脑，没有先进的数码设备，却有学校里学不到的许多智慧和生存技巧。

南非部落里为什么喜欢用牛粪修饰房屋？

由于牛粪具有黏稠性，在没有水泥和石灰的地方，人们喜欢用牛粪来做涂料，牛粪不仅可以使浆土更有黏性，而且还具有隔热的作用。其次，牛粪可以驱赶蚊虫，还可以用来作为燃料。当然用牛粪做原料的话，可以用来生产有机肥料。

第8章

舌尖上的南非

"米娜，你说狮子肉好吃吗？"多多一大早起来就想吃肉。

"狮子肉怎么可以吃呢？它不把你吃了才怪呢。"米娜吓唬多多说。

"你没听说过非洲的百兽宴吗？据说能吃到各种动物的肉。"多多神秘地说。

"多多，你又打什么歪主意了，虽然非洲有百兽宴，但珍稀动物是绝对不可以吃的。除非是自然死亡或者人工养殖的动物才可以作为餐桌上的菜肴。"路易斯大叔解释道。

"可是，我们来南非好几天了，还没吃到过什么好吃的东西，路易斯大叔，带我们去吃点好吃的吧！"米娜撒娇地说。

"好吧，你们两个小馋虫，我就带你们去尝尝这里的美味吧！"路易斯大叔总是那么善解人意。

南非各种各样的美食跟南非多种民族密切相关。许多外来民族带给了南非多样化的美食，不同的饮食习惯也让南非的美食丰富多彩。

"那能吃到中国菜吗？能吃到日本料理吗？"米娜对美食充满了兴趣。

　　"非洲烤肉、意式通心粉、葡式海鲜、印度咖喱、中式炒菜、日本寿司、连锁快餐等应有尽有，如果想吃越南、朝鲜的菜也能找到。"路易斯大叔耐心地讲解。

　　说着，他们来到了一家餐馆，这家餐店以烧烤为主，这也是南非人最习惯的饮食方式，他们喜欢烤东西吃。

　　"这是鳄鱼肉，这是水牛肉……"服务员一一介绍道。

　　"天哪，鳄鱼肉，我可不敢吃，来点水牛肉吧。"米娜说。

　　"我要鳄鱼肉，我要尝尝鳄鱼肉的滋味。"多多大喊。

　　服务员刚将他们点的东西端上桌子，多多就迫不及待地夹了一块放在嘴里。

"好吃极了，真新鲜。"多多一边抹着嘴边的油，一边兴高采烈地说。

"南非人是不是只喜欢吃烤肉啊，像巴西烤肉一样？"多多问。

"那是你的误解，南非人最常见的主食类似于中国的玉米糊糊，只是他们的粥是凝结起来的，里面可以放上新鲜的肉汁，既有营养又好吃。"路易斯大叔说。

看来南非人也不喜欢吃油腻的东西，他们的食物以健康为原则，南非人做饭很少用香料，但餐桌上一般会有各种调味品，客人可以根据自己的喜好选用。

"看——重庆火锅、上海面馆、天津包子、福州鱼丸……"米娜好像发现新大陆似的说。

自选调料

天哪，在南非能看到这么多中国小吃，真的很新鲜。

多多很喜欢吃福州鱼丸，而米娜则喜欢吃天津狗不理包子。他们各自买了自己喜欢吃的食物，一边津津有味地吃着，一边搜寻着其他可口的美食。

一转眼，他们发现路易斯大叔不见了。正在他们着急得不知道怎么办好时，路易斯大叔竟然拿着一条大蛇出现在他们面前。

米娜吓得差点晕倒过去。"哪儿来的蛇啊，快扔掉吧，路易斯大叔。"多多也有些害怕。

"哈哈，这可是非洲最好吃的香肠。难道你们真的不想尝尝吗？"路易斯大叔在多多眼前晃了晃香肠说。

"好吃，太香了。"多多说。

"这可是蛇肉做的啊！"路易斯大叔补充道。

"我的天，我竟然吃了蛇肉。"多多简直要发疯了，他不住地恶心。

"哈哈，你小子真好骗。"路易斯大叔不忍心继续逗他们。

南非香肠做法很奇特，南非人喜欢用碎牛肉和一种奇特的混合香料作原料，这样做出的香肠味道很地道。这种香肠表面看起来就像一条蛇一样。

紧接着，他们还品尝到了南非三明治、奶馅饼等美食。

由于吃得太多，在回去的路上，米娜和多多直喊着"肚子疼"……

第9章

魔幻太阳城

　　"看，这里就是世界著名的太阳城，一个充满无限惊险和魅力的地方，想不想去看看？"多多拿着南非地图指给米娜看。

　　"好啊，可是路易斯大叔会带我们去吗？"米娜担心地问。

　　"会的，来到南非的人如果不去太阳城的话，就像去北京不到长城，到美国不去夏威夷一样，会很遗憾的。"多多很有信心地说。两

个孩子立即跑到路易斯大叔的房间。

"路易斯大叔，我们今天去太阳城好吗？"米娜和多多央求道。

"好吧，你们两个小孩儿一定是串通好了来说服我的吧。现在我们赶紧吃早饭，吃饱了我们马上出发。"这次路易斯大叔答应得很爽快。

太阳城在南非约翰内斯堡的西北方向，是一座充满阳光的城市。这里自然风景优美，阳光充足，整个城市都沐浴在阳光之中。城中猴子嬉戏，鸟儿唱歌，豪华酒店、高尔夫球场、骑马场都应有尽有，可谓是人间天堂，所以人们称这里为"太阳城"。如果想体验舒适、浪漫、梦幻般的神奇，那太阳城绝对是一个最佳的选择。

看到它的第一眼，多多便忍不住大叫起来："天哪，南非竟然有如此豪华而又美丽的地方，像美国的拉斯维加斯一样。"

"我简直无法用语言来形容它，就像一个华丽的贵妇人，又像美丽的芭比娃娃，我真想抱抱它。"米娜深情地说。

"孩子们，咱们去冲浪吧，体验一下非洲阳光下真正的日光浴。"路易斯大叔提醒道。

"天哪，我快被浪花拍得几乎飞起来了，这感觉简直妙极了。快下来感受一下，米娜。"多多兴奋地喊。

米娜胆小，她只敢在浅水区游泳。

　　路易斯大叔过来了，他带着多多和米娜去体验滑水梯。滑水梯惊险而又刺激。

　　这里有各种坡度的滑水梯，游客们可以尽情挑战自我。它们比过山车和摩天大楼还要刺激，米娜吓得鬼哭狼嚎，差点儿引来非洲土狼。

　　当然，如果是不喜欢水的游客也可以去体验打高尔夫球。作为旅游度假的休闲胜地，高尔夫球场是必不可少的。

　　走过若干级台阶，通过一个人工的石头洞，多多看到一片高尔夫球场，这个球场被山水紧紧拥抱着，美丽而优雅。

　　多多虽然不怎么会打，但路易斯大叔可是高手。只见他深吸一口气，对着球就是一棒，球飞走了。

　　天哪，球竟然落到旁边正在欣赏比赛的河马身上。只见河马巧妙

的用头将球顶了回来，那姿势简直妙极了。

旁边的人报以热烈的掌声。河马抬头看着观众，想必这家伙心里一定很美吧！

"喂，打球的感觉如何啊，河马老兄？"路易斯大叔大声叫河马。

河马显然不愿意理会他们，它摇摇尾巴，慢悠悠地走了。

运气好的话，还会跟鳄鱼、狮子一起打高尔夫呢。怎么样，很刺激吧！

如果你觉得这些还不够刺激的话，那就跟随多多和米娜去体验地震的感觉吧。

见过太阳城著名的"时光之桥"吗？这座人行桥每隔1小时就会发出"轰隆"的巨大响声，像打雷一样。人如果走在上面，会感觉天旋地转，地崩山裂，像火山爆发，又像突发地震。多多和米娜在桥上

　　痛苦得不敢睁开眼睛，米娜的眼泪都流出来了。

　　幸好有路易斯大叔在，否则米娜和多多还以为自己真的会被地震活埋呢。

　　一轮火红的太阳渐渐落入草原深处，天开始黑了，可是多多和米娜依旧恋恋不舍地看着太阳城。

　　短短的一天，多多和米娜仿佛有一种穿越时空的感觉。在回去的路上，他俩兴奋地手舞足蹈。"这感觉简直太奇妙了，回去我一定跟小朋友好好讲讲，讲一下我是如何'死而复生'的。哈哈！"多多又开始幻想了。

第10章

狮子，您好

　　"多多，你知道'非洲五霸'吗？它们个个都很厉害，如果你敢随便碰它们，那你就死定了。"米娜一大早便唠叨起来。

　　"哈哈，一定有狮子吧！我可不怕狮子，如果有只狮子从窗口经过，多好啊！"米娜又开始做白日梦了。

　　"我也这么想的，如果一头狮子能来到我们房间敲门，然后跟我们一起喝下午茶，该多好啊！"多多的梦更让人觉得不可思议。

　　"你们俩不要胡思乱想啊，我明天带你们去狮子园。"路易斯大

叔翻身打着哈欠说。

"明天，明天还有20个小时呢，我们已经等不及了。"多多有点不耐烦地说。

"过来，多多，我们偷偷溜出去。"米娜开始出主意。

"这样不好，我们还是等路易斯大叔吧，我们对这里不熟悉，会迷路的。"多多说。

终于等到了第二天，路易斯大叔起了个大早，米娜和多多迫不及待地催着路易斯大叔上路。他们找到公交车站牌，然后开始了去约翰内斯堡动物园的旅程。也许是看多了《狮子王》，多多和米娜对狮子有一种超乎寻常的喜爱。

约翰内斯堡动物园是南非著名的动物园，这里有3000种以上的哺乳动物和鸟类等。这座动物园最大的特色是它是开放式的。如大象、长颈鹿等大型温顺的动物，领地四周只有简单的壕沟，根本没有铁栏

杆，非常新鲜和刺激。

而狮子园在约翰内斯堡的北部，大概有17.5千米左右的路程。

路易斯大叔很顺利地在动物园门口找到了一辆愿意载着他们进入狮子园的私家车。

"不要打开车窗，也不要打开摄像机镜头，只可以静静地观看。"车主告诉多多和米娜。

"好的，谢谢您！"他们答应得很爽快。

"我们先去幼狮园吧，在那里你们可以近距离接触小狮子。"车主建议。

"好啊，这个主意不错。"他俩兴奋极了。"你们两个小家伙可不要兴奋过度啊，一定要小心，不要被狮子当成了午餐，更不要被狮子邀请去'喝茶'啊！"路易斯大叔开玩笑说。米娜听了以后，竟然紧紧地靠在了路易斯大叔身边，不敢动弹。其实在动物园里，有些狮

子还是可以零距离接触的，它们就是那些可爱的小狮子们。

　　小狮子按年纪不同分别待在不同的笼子里，它们看起来乖巧可爱。令人兴奋的是游客可以到小狮子的笼子里去转转，在这样的小狮子面前，你完全不用害怕，因为它们才刚刚出生一周多，你甚至可以去触摸它们的皮毛，当然也可以跟它们照相了。小狮子像小猫咪一样可爱，很温顺，还会跟游客撒娇呢，它们不会对人有任何伤害，它们的毛很漂亮，有点像《狮子王》里的小辛巴。

　　多多忍不住用脸靠近小狮子的尾巴，然后轻轻说："您好，'小辛巴'。"

　　也许那头小狮子听懂了，它慢慢地转过头来，深情地看着米娜和多多。

　　参观完幼狮园，他们依依不舍地与小狮子告别，刚才那头小狮子一直目送他们离开。

　　但野生园区的成年狮子可没有这样友好了，车子在草地里穿行，开始多多只是发现了一些野狗、土狼和印度豹，没有发现狮子的影踪。突然米娜看到一棵树下，躺着4头狮子，它们的头靠在一起，正在暖暖地晒太阳。它们的样子很温馨，只有屁股和尾巴留在外面。它们几乎围成了一个圆圈，不仔细看，还以为这是电影里的镜头呢。

　　多多发现草原上的狮子很少有单独行动的，它们大多数时间喜

欢一起活动。原来狮子是喜欢群聚生活的猫科动物。每头狮子在狮群里有不同的分工，母狮子一般负责捕食，公狮子负责保护领地。狮子的视力非常好，它们在很远的地方便能发现猎物的活动。狮子集体捕食的效率很高。狮子的食物以斑马、羚羊为主，偶尔也吃大象和犀牛等。

"快看，多多，狮子！"米娜喊道。

此时多多忘记了叮嘱，拿起相机"咔嚓"一声，拍下了这美丽的一幕。

可是灾难也由此降临，也许受到了闪光灯的惊吓，只见4头狮子迅速爬起来，抖了抖身上的毛，然后对着天空怒吼一声。迅速朝他们狂奔过来。

车主吓得魂飞魄散，其中一头狮子快速飞奔到车子左侧，然后将

前爪搭在了车窗上。米娜清楚地看到了狮子毛茸茸的脚，她几乎吓哭了。

"千万不要出声。"车主小声说。

好像有一头狮子已经跑到车后，它使劲用身子撞击车屁股，车子开始剧烈地摇晃起来，米娜感觉车子马上就会被掀翻。其他两头狮子好像只是围着车子转了两圈，它们也许在侦查敌情，发现没什么动静，它们便离开了。

当4头狮子都走远时，车子才敢启动，没想到，其中一头狮子又追了过来。于是车子和狮子展开了比赛，还好，多多他们最终逃离到了铁网之外。

"幸好这是半开放的狮子园，否则我们就成了狮子今天的晚餐了。"车主说。

"真刺激啊，比电影还过瘾，只是我的裤子湿了，怎么办呢？"多多害羞地说。

"胆小鬼，还说自己敢跟狮子握手呢，吹牛吧你！"米娜挖苦道。

"我怎么胆小了，我还想带狮子回去喝下午茶呢。"多多又开始吹牛了。

"孩子们，知道什么是刺激了吧，以后不要轻易来冒险啊！这可不是闹着玩的。"路易斯大叔善意地说。

"不怕，我们还会来的，再见，狮子。"多多竟然冲着车窗外的狮子做了个鬼脸。

非洲五霸

南非是野生动物的天堂。不仅国家投巨资建立保护区，南非人民也很热爱野生动物。有些贫穷的南非人常食不果腹，但却从来不吃野生动物。南非有著名的黑犀牛、非洲象、非洲水牛、非洲狮和非洲豹五种动物，被称为南非五霸。

第11章

怪树酒吧

　　"米娜，看，那是不是一只树怪呢，我们是不是误入了怪兽村了？怎么会有这么大一只树怪在这里。"多多揉了揉眼睛问。

　　米娜摘下茶色墨镜，用手遮住阳光仔细看多多手指的方向。

　　"天哪，这是什么怪物，怎么会有那么多人进进出出，里面还有亮光。"米娜也忍不住小声嘟囔着。

　　这个树怪看起来高20多米，"腰围"大概有40多米，需要30个人手拉手才能将它围拢。

　　路易斯大叔告诉他们，这并不是树怪，而是南非林波波省的一家树洞酒吧。这座酒吧非常特别，它是由"太阳地"农场的主人范·海尔登夫妇亲自设计而改造的，这里有他们天才的想象力。一天，他们看到了农场中的一棵猴面包树，树里有个天然形成的大树洞，于是他们突然奇想，将整个天然的树洞改造成现在这个大型酒吧。酒吧像一座优雅而神秘的小房子，可同时容纳15人。

　　"您好，欢迎来参观大树里的酒吧。"黑人接待员热情地说。

　　"原来不是做梦，我们真的来到了一个树洞酒吧。"多多开始兴奋起来。

　　树洞的门很小，仅能容一个人通过，想必非洲土著人曾经在这个天然树洞里生存过吧。树洞里很亮，照明和通风都很好。酒吧虽然不大，但摆放着各种酒。酒吧主人在树洞的空隙处装了很多舒适的座位。

　　"看那些奇妙的装饰物，老式挂钟，还有飞镖盘呢。"多多看起来很激动。

　　"这里还有一个入口，我们可以进去看看。"路易斯大叔领着他们猫着腰进入另一个树洞。

　　"哇，原来这里是个酒窖。听，还有优美的音乐声。这应该是神仙休息的地方吧！"米娜笑着说。

"那你就是小仙女了，巴拉巴拉小魔仙、芭比娃娃，请坐下喝酒吧！"多多总是喜欢开玩笑。

　　"路易斯大叔，您知道这棵树多大年龄了吗？"米娜问。

　　"它有6000多岁了，比金字塔还要古老。"路易斯大叔感慨地说。

　　多多和米娜惊讶地睁大了眼睛，他们好奇地在树洞里跑来跑去，像两只可爱的小动物。他们一会儿跑到吧台看看，一会儿跑到厨房里欣赏一下。

　　大叔要了一杯酒，多多和米娜陪着路易斯大叔在树洞酒吧里休息。

　　这时多多看到一只猫头鹰，米娜发现一对蝙蝠。

　　"多多，这些小动物是不是也喜欢这个酒吧，所以就住在这里了，他们一定喜欢这里的音乐吧！"米娜天真地说。

　　这时服务员送来一个足球一般大的猴

77

面包树的果实，这种果实形状像大面包，怪不得叫猴面包树呢。

"真甜啊，比猕猴桃好吃多了。"多多吃了一口，陶醉地说。

"可是这颗树为什么会长这么大呢，看起来像个大胖子。"米娜不解地说。

"哈哈，你说对了，面包树一向以庞大而著称，如果让40个成年人手拉手来合起来抱一颗巨大的猴面包树，可能刚好能抱住。南非当地人喜欢称这种猴面包树为'树中之象'，像大象一样庞大，有的树能高达50米呢，真可与大象相媲美了。"路易斯大叔说。

"真是太好玩了！"多多边说边站起来转了一圈。

经过细心研究和分析，多多发现猴面包树之所以长这么大，与这

里的热带草原气候有关。由于降雨很少，猴面包树只能在雨季的时候大量吸收水分，然后把水藏在自己的树干里。一旦干旱来临时，它们就能顺利地生存下来。它曾为很多在热带草原上旅行的人们提供过救命之水，解救了因干渴而生命垂危的旅行者，因此又被称为"生命之树"。

　　"可它的枝头为什么叶子那么少了？"米娜喜欢打破沙锅问到底。

　　"当然是为了减少水分蒸发，我曾听我爸爸说过，一株猴面包树据说能贮几千千克甚至更多的水呢。当它喝饱后会长出叶子，然后开出很大很大的白色花朵。"多多骄傲地说。

"看来我的知识面太窄了，我还要向你多学习啊，特别是要多向路易斯大叔学习。"米娜谦虚地说。

　　"其实你们最应该向大自然学习，大自然里藏着无穷无尽的奥秘，只要你想探究，它就会给你们一个又一个惊喜。"路易斯大叔笑着说。

　　从树洞里出来以后，他们看到了一片广阔的农场。多多看到一辆四轮摩托车，于是便高兴地跳上去，路易斯大叔带着他在农场里飞奔。农场里的各种花儿竞相开放，各种小动物自由自在地散步，多多感觉自己的心仿佛都快飞了起来。

　　是啊，大自然太神奇了，我们要学的东西还很多。

猴面包树开花吗?

　　猴面包树很古老，没有人知道它们的真实年龄，因为这种树没有年轮，它们一般能活500年，但有些树可能会活5000年。树的大致年龄只能靠同位素来推测。这些猴面包树几乎每年都开花，它们开白色的花朵，很漂亮。它们的果实很受大象、猴子、猩猩等动物的喜爱，果实成熟的时候，猴子们喜欢成群结队地爬上去采摘果子吃。这种树只分布在非洲大陆、北美部分地区和马达加斯加。

第12章

大象墓园

在南非的任何一个动物园里，游客们几乎都能碰到大象。

而非洲象尤其威猛高大，站在非洲象面前，多多和米娜感觉自己像蚂蚁一样渺小。一头15岁左右的非洲雄象，身长可以超过8米，身高竟然有4米多，是路易斯大叔身高的两倍多。

"多多，你知道现存陆地上最大的哺乳动物是什么吗？"米娜问。

"大象。我还知道有的大象体重有7～8吨呢，这个问题难不倒我。"多多笑着说。

"那非洲象与亚洲象有什么区别吗？"多多问。

"好像亚洲象没有这么大吧？"米娜也好奇地问。

"是啊，非洲象比亚洲象重很多，有意思的是非洲雄象和雌象都有象牙，不像亚洲象只有雄象才有象牙。非洲象和亚洲象的不同还在于，非洲象的耳朵像个大蒲扇，又大又圆，它睡觉时很讲究，喜欢卧倒后，舒舒服服地睡一觉。而亚洲象，站着就可以睡着，非洲象如果站着的话，会失眠的。"路易斯大叔说。

正说话间，一位黑人导游领着一头又高又帅的大象走了过来。导游示意他们坐到大象背上。

多多被导游轻松地抱了上去，可是米娜却不敢。

"它那么巨大，万一把我吃了咋办？"米娜担心地说。

"哈哈，小傻瓜，大象可不喜欢吃小孩，它只喜欢吃野草、树叶、树皮、嫩枝等。快上去吧，大象是很温顺的。"路易斯大叔笑着说。

在路易斯大叔和导游的帮助下，米娜也顺利坐到了大象平坦的背上。

大象开始载着多多和米娜慢悠悠地在匹兰斯堡国家公园里行走，周围则是茂密的树林和各种各样的野生动物。

当大象走过来时，这些动物们纷纷让路。

坐在它背上的多多和米娜感觉棒极了。

"看我多神气，像凯旋归来的将军。"多多笑着说。

而此时米娜还不敢大声说话，她只是紧紧抓着缰绳，用脚死死蹬着象背上的鞍子。

这时两只长颈鹿结伴过来，它们远远望着大象矫健的步伐，眼里露出羡慕的神情。池塘边的水牛在阳光下幸福而悠闲地躺在水边晒太阳，它们眯着眼睛，好像对大象不屑一顾似的。

"多多，你有没有听说过大象也会袭击人类，我曾经看过一篇报道，有只大象曾经掀翻了两辆汽车，还有的大象会卷起石块投掷游客。"米娜小声说。

"大象看起来很温柔，但它们也会发怒。如果人类敢袭击它们，它们也会反抗。万一不小心被一头大象踩到脚底下，那么一定会变成大肉饼的。"多多解释道。

"那为什么不制止袭击大象的这种行为呢？人类再这样下去，大象家族会灭亡的。"米娜忧心忡忡地说。

是啊，如果人类再为所欲为的话，那么世界上的动物会逐渐消失。

"我听说还有个大象墓园，能不能带我们去看看呢？"多多对导游说。

"听说大象墓园很僻静，一般人是找不到的，这是真的吗？"米娜问。

　　"我们还是别去的好，大象是很有感情的动物，它们不希望死后被打扰。"导游沉重地说。

　　这时，多多发现一头大象静静地躺在大树下，不吃不喝。米娜拿了些叶子放在它身边，它连眼睛都不眨一下。

　　"这头大象怎么了，生病了吗？"米娜问。

　　"不是病了，而是它已经老了。象牙老到了一定的年龄，就不能咀嚼东西了。"多多抢着回答。

　　"那它不就被饿死了吗？"米娜关切地问。

　　"是啊，当它们知道自己快死的时候，便会找个僻静的地方，然后

慢慢等待自己死去。"路易斯大叔说。

米娜记得看过著名儿童作家沈石溪的《最后一头战象》中写过的关于大象的墓冢。这次能亲眼看到这些善良而又感情丰富的大象，米娜感动地想流泪。

大象的墓园一般是山洞或是沼泽，所以很多时候人们不容易看到大象的尸体。

了解了关于大象墓园的故事后，米娜的眼圈都红了。

坐在象背上的她将脸温柔地贴在大象的头顶，大象稍微回头看了一眼米娜，大象的眼里盛满真情，米娜真想拥抱一下它。

跟随大象旅游结束后，米娜再也不害怕大象了，她主动要求摸着象鼻子合影。

调皮的大象竟然用鼻子将米娜卷得很高，米娜丝毫没有害怕，而是幸福地笑了。路易斯大叔用相机拍下了这珍贵的一幕。

今天虽然没有找到大象墓园，但多多和米娜却感觉收获了很多很多。

大象有天敌吗?

　　大象是陆地上最大的哺乳动物，除了人类外，它们基本没有天敌。即使是面对狮子这种万兽之王，它们也不惧怕。第一个原因是大象体型庞大，第二个原因是大象是群居动物。无论在什么情况下，它们都不会轻易丢掉任何一只象而独自逃命，不管是受了重伤的大象还是刚生下的小象。它们这种团结精神让其他动物望而生畏。在狮子面前，当羚羊、斑马等各自逃命时，那只最弱小的必然成为狮子的目标。而大象的这种精神让狮子也不敢轻易触碰。另外，大象的数量不多，如果专门捕获这种大型食草动物，不能够维持大型食肉动物的生存。所以即使大象行动缓慢，也没有天敌。

第13章

草原中的诱惑

"带好帐篷，我们去露营。"路易斯大叔的话让多多兴奋极了。

"去哪里啊，是草原吗？"米娜撒娇地问。

"是啊，今天我们要去私人野生动物保护区，让你们好好体验一番草原生活。"

路易斯大叔所说的"私人野生动物保护区"位于世界著名

的南非克鲁格国家公园西南部，占地面积达2万平方千米。在这片广袤的非洲丛林中栖息着超过200种非洲野生动物，还有350多种鸟类。

敞篷越野车在茫茫无际的草原上行驶，草微微有些泛黄，在耀眼的眼光下散发着金色的光芒，仿佛狮子毛的颜色。

车子在一块空地上停了下来，他们开始搭帐篷。

"我们真的要在这里露营，不是有狮子和豹子吗？"米娜非常担心地问。

"这里相对来说比较安全，只要我们做好防护措施，就不会有事的，放心吧！"路易斯大叔说。路易斯大叔所说的防护措施便是那把半米长的猎枪，不过不到万不得已是绝不能动用的。

天色渐渐暗下来，草原也变

得安静起来。

　　多多感觉很热，便跳到旁边的水池里游泳。正在他游得尽兴时，树后突然露出一只大象的耳朵。多多想从水池里跳出来，可是已经来不及了。还好，大象只是在水池边喝水，并不会伤害人。它喝完水后，便摇着尾巴走了，好像根本没把多多放在眼里。

　　多多赶紧穿好衣服回到帐篷，刚要坐下，突然米娜大喊起来："看你带来了一只狒狒。"

　　多多回头一看，一只小狒狒正大摇大摆跟在他后面，还用手抓住了多多的衣服，好像在说："给点儿好吃的吧，哥儿们！"

多多只好拿出香蕉扔给他，狒狒拿起香蕉，剥开皮，津津有味地吃了起来。吃完后，还给多多鞠了一躬，样子可爱极了。

直到路易斯大叔命令他们睡觉时，狒狒也没有离开的意思。

多多只能邀请这家伙留了下来，这家伙竟然躺在帐篷一角睡着了，口水还流了一地呢。

满天的星星将光芒散在寂静的大草原上，远处有动物的呼噜声和叫声，草原的夜很美，但也充满了恐怖。

半夜时分，多多听到帐篷外面有声响，便叫醒了路易斯大叔。

路易斯大叔贴着帐篷听了一下，仿佛是狮子的动

静。大叔赶紧叫醒米娜，并告诉他们千万不要出声。

米娜吓得大气不敢出，这时，该死的狒狒竟然打了个哈欠。这下引起了狮子的注意，狮子开始撕扯帐篷，米娜感觉帐篷快被撕碎了。

路易斯大叔赶忙拿起枪，朝着帐篷外瞄准，正要开枪，却发现狒狒从帐篷另一侧出来，将狮子引开了。

多多不敢想象狒狒的下场，但他却为狒狒的牺牲精神感到敬佩而又伤心。

"多么好的一只狒狒啊！"米娜一直说。

那是个不眠之夜，从狒狒走后，他们就再也没有睡着。

接下来的时间里，几只老鼠偷偷钻了进来，它们放肆地偷吃他们放在包里的食品。

黎明时分，一只鳄鱼竟然探头探脑地想进来，路易斯大叔一声令下，孩子们迅速逃离。

　　路易斯大叔坐上敞篷车时，发现有只小鹿竟然躺在车里休息呢，它一定把这里当成了自己的家了。

　　"快发动车子，带它一起走吧！"米娜赶紧说。

　　车子发动了，小鹿开始警觉起来，它不敢往下跳，但又害怕车上的人会伤害它，于是便躲在车子角落里警惕地看着米娜和多多。

　　"不要怕，小家伙，跟我们一起去冒险吧！"多多亲切地说。

　　小鹿瞪着一双美丽的大眼睛看着多多和米娜，它不再害怕，而是静静地过来，躺在米娜脚边，用头蹭米娜的鞋子。

　　"好可爱的小家伙。"多多说。

　　"是啊，孩子们，如果我们珍惜每一个小动物，动物就会成为人类最好的朋友。"路易斯大叔说。

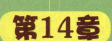

第14章

彩虹之国

"多多，你知道南非为什么叫'彩虹之国'呢？"米娜一大早就问。

"是不是因为南非彩虹多的缘故呢？"多多躺在床上懒懒地回答。

"可是我们已经来了十几天了，也没发现彩虹啊！"米娜显然不满意这个回答。

"如果想了解这个问题的答案，那我今天带你们去南非民俗文化村看一下，好吗？"路易斯大叔说。

多多听了路易斯大叔的话后，一骨碌从床上爬起来，睡意全无。匆匆吃完早餐，他们又出发了。

南非民俗文化村位于南非最大的城市约翰内斯堡的郊外，这是南非最原始的民俗村，这个号称"南非文化窗口"的莱赛迪民俗村，聚居着南非最重要的4个部落。这里有非洲土著餐饮，还有原生态的舞蹈表演。

当路易斯大叔他们来到民俗村时，在小广场中央，一场精彩的欢迎仪式开始了，只见祖鲁人纷纷围在火炉旁，跳起了极具当地风情的舞蹈。

虽然听不懂当地人的语言，但他们的歌声粗犷豪放，热情洋溢。他们大多喜欢穿非洲式长袍，宽松、肥大、无袖，样子很

简单，有的简化为一块布，大多裸露右肩，白天可以当衣服穿，晚上可以当被子盖。

"他们的衣服好鲜艳啊，五颜六色的，像彩虹一样，看得我眼花缭乱。"米娜惊奇地说。

"天哪！看，他们头上还有羽毛，羽毛是装饰品吧！"多多问。

"是啊，羽毛象征着他们的身份和地位，酋长大多穿戴豹皮以显示身份的特殊，祖鲁少女则喜欢戴五颜六色的珠饰。"路易斯大叔解释道。

民俗村的房子很有特色，一般由茅草搭成。房屋材料大多取自天然的东西。他们喜欢用牛粪装饰房屋，这样可以用来驱散蚊虫。

南非的城市建筑不但美轮美奂，而且别具风情，那些教堂式的欧式建筑让路易斯大叔他们感觉很温暖，很神秘。此时多多和米娜来到

了原始部落的茅草屋里，原始部落的独特建筑让他们大开眼界。

在民俗村里，多多和米娜还看到了各种各样的神奇壁画，壁画上有表现南非妇女捣年糕的场景，也有表现南非部落里男女不平等的现象。

"我终于知道南非为什么是'彩虹之国'了，因为这么丰富多彩的文化特色，让本来就很神奇的南非更加美丽多姿了。"米娜总结说。

"不错，但是还有一点你们或许不知道吧，你们知道南非国旗的颜色吗？"路易斯大叔的话让他们变得沉默起来，这个他们还真没有注意到。

"南非的国旗好像是红色的。"米娜突然回答。

"不对，好像是蓝色和绿色的。"多多不敢肯定地回答。

"应该是黑色，南非的黑人多。"米娜补充道。

"对了，还有个Y形的图案，应该象征各民族的团结。"多多说。

"哈哈，孩子们，南非共和国的国旗其实是五颜六色的，红色、蓝色、绿色、黑色、白色还有黄色。"路易斯大叔笑着总结。

"天哪，这不快成了彩虹的颜色了吗？怪不得叫'彩虹之国'呢。"米娜说。

"南非各式各样的景观、众多的民族、形形色色的文化、与众不同的历史都是它多姿多彩的表现。"路易斯大叔说。

"其实还有它丰富多彩的矿产资源，光彩照人的钻石，价值昂贵的黄金，各种各样的美丽花卉，都是它被称作'彩虹之国'的原因

吧。"多多把在南非的所见所闻，一股脑儿全说了出来。

"孩子们，你们真聪明，不用我说，答案就找出来了。其实还有一点，南非风光秀美，动植物种类多种多样，再加上五彩缤纷的文化，这些都是'彩虹之国'得名的原因。"

诺贝尔和平奖得主、南非黑人大主教德斯蒙德·图图将南非称作"彩虹之国"。色彩，正是解读这个"彩虹之国"的一把钥匙。

是啊，从原始的原始部落到不同风格的小镇，在南非的每一天，他们都可以感受到它的魅力和优美。绿色是南非的生命，蓝色的海洋又赋予了它冒险精神。

第15章

流浪儿童与足球

南非世界杯之前，多多与米娜对南非的想象一直是一片荒芜而落后的土地。他们一直认为南非是个很野蛮的地方，而南非世界杯后，米娜和多多对南非的印象却发生了天翻地覆的变化。

"没想到南非这么美，这么发达啊，可真是个神秘的国度。"多多总是喋喋不休地说。

"是啊，南非人那么热爱足球，这是我们没有想到的，很多城市的一角总能看到那些在足球场上狂奔的孩子们。"

奔跑、叫喊、抢断、传球、传中、射门……

这里简直到处是足球比赛。米娜和多多都忍不住想进去踢几场。

"快看，球进了！"透过旅游车，多多正好看到足球绕过小小的守门员，飞进了球门。场上的孩子们抱成一团。这应该是他们最幸福的时刻吧，多多想。

南非有两个著名的足球场，一个是位于约翰内斯堡郊外的"足球城"体育场，它可以容纳94000名观众，是整个非洲最宏伟的体育场。今天他们终于有机会看到了南非世界杯的开幕式、揭幕战、决赛的现场。现场的"足球城"体育场比电视中的还要气派，还要雄伟壮观。遗憾的是他们没有去近距离地参观，只是远远地看到了大体轮廓。

然后车子载着他们去了新建的德班摩

西·马布海达体育场。这座体育场很先进，还有缆车，球迷们可以从106米高的球场拱门顶部，来俯视整个城市美丽的海滩。

路易斯大叔带着米娜和多多坐着缆车来到了球场拱门顶部，偌大的足球场上静悄悄的，远远望去，一座美丽的海滨小城呈现在他们眼前。

"这里的港口好繁忙啊，你看那些来来往往的船只，像一只只忙忙碌碌的蜜蜂。"米娜说。

"德班的地理位置非常重要，它是非洲最繁忙的港口。这里的气候温暖如春，一望无际的迷人海滩，豪华气派的海边五星级宾馆。在一些梦幻般的宾馆里，你甚至可以看到神奇而浩瀚的印度洋。"路易斯大叔讲解道。

从德班回来的路上，他们看到了很多踢足球的孩子。

"那些孩子看起来很可怜，是一些流浪儿童吧？"米娜问。

"是啊，他们都是无家可归的流浪儿童，但是他们都酷爱足球。"路易斯大叔边说边领着多多和米娜走进了一处孩子们居住的地方。

孩子们居住的地方很简陋，一张小床，几把椅子，但他们的墙上却贴满了足球明星的照片。从这些流浪孩子的脸上可以看到足球精神里所特有的坚定和自信。一个已经破了皮的足球静静地躺在床下，外面的几个孩子正光着脚在阳光下的绿地上认真地踢球，他们踢得热火朝天，汗水顺着黝黑的脸颊流下来，他们却顾不得擦一把。

"一起踢吧。"一个大眼睛、小嘴巴的高个子黑人男

孩用不标准的英语来邀请多多。"好吧。"多多快速脱掉自己的上衣，加入他们的球队。

这些流浪的孩子奔跑速度很快，不一会儿，多多就感觉有点力不从心了。这里的孩子真幸福啊，看着他们认真的样子，米娜有点羡慕地想。原来这里的政府专门给他们配备了教练，定期教他们足球，还可以带他们参加比赛。

"你们幸福吗？"米娜问一个刚踢完球的黑人小孩。

"很幸福啊，有足球踢，我们就很幸福。"这个孩子毫不犹豫地说。

看着他们脸上的自信，多多和米娜渐渐明白南非足球更深刻的

含义，它不仅仅是一项竞技比赛，还有更多的爱、平等和关注包含在足球精神里面。

从这里流浪孩子踢足球的精神状态上，多多看到了南非足球强大的真正原因。正是每一个人都如此热爱运动、热爱足球，这个民族才显得生机勃勃，充满魅力。

旁边的几个流浪孩子正在自己做烧烤吃，一股香喷喷的牛肉味让多多忍不住吸了吸鼻子。一个黑人小男孩挑了几块最肥美的，送给多多和米娜吃。多多和米娜非常感动，他们拿出自己随身携带的口香糖和巧克力分给这些流浪的孩子。有几个孩子不好意思去拿，米娜便分到他们手中。"谢谢你们！"孩子们不停

地说着感谢的话。"应该有更多的组织来关注这些孩子，给他们帮助。"多多想。

后来路易斯大叔又带着他们参观了乌沙卡海上公园、加固维多利亚大堤、威尔森码头和特索戈森的阳光海岸娱乐场等。在这里，他们可以尽情欣赏祖鲁王国的风光。

在南非的大地上，人们对于足球有着狂热的喜爱，他们在足球里放飞着自己的童年和梦想。

第16章

童话小镇

一个阳光充沛的周末，多多和米娜终于摆脱了路易斯大叔，他们想去南非的小镇体验一下童话般的自由生活。

南非小镇风情万种，美丽幽静。穿行在南非一个个小镇中，他们仿佛来到了童话中的城堡。

笔直的马路、风格各异的小屋、优雅的教堂、美丽的鲜花、笑容可掬的阿婆、幸福爱笑的孩子、稀少的人流，这些都是南非小镇的特点。

"看那座白色的教堂，多么庄严肃穆啊！"米娜指着旁边的一座建筑说。

"是啊，在绿色包围中，它是那样安静祥和，仿佛一个天使。"多多回答。

鲜花和绿树包围中的各种小宾馆应有尽有，篱笆上爬满了叫不出名字的小花，阳光下的它们仿佛在静静等待着游客的光临。如果不是的话，那些花为什么会开得那样鲜艳呢？

小镇上的阿婆在阳光下缓缓地走在街道上，黝黑发亮的脸上面带笑容。

"看那个深红色的是什么水果？那么大，真想吃啊！"多多大喊。

水果摊主是个地道的南非人，牙齿很白，脸色黝黑，只见他拿了一个水果送给多多。多多尝了一口："哇，真甜啊！"

多多的话真管用，不一会儿便聚集了很多来买水果的顾客。

原来多多刚才吃的是南非鸭梨，摊主高兴得嘴都合不拢了。多多和米娜也很开心，他们帮着摊主卖掉了很多水果。饱满诱人的橘子、黄橙橙的芒果、小巧玲珑的葡萄，南非的水果丰富极了。

"快来买了，又香又甜的橙子，清脆可口的鸭梨。"多多用流利的英语吆喝道。

米娜笑得前仰后合，顾客都被他们逗笑了，很多游客拿出相机拍下了多多卖水果的镜头。

卖完水果后，他们恋恋不舍地告别了这个小镇，告别了热情好客的水果摊摊主，又踏上了新行程。

"看那些汉字，我好像回到了中国。"米娜惊奇地说。

原来这是西罗町，它是位于约翰内斯堡东部的一条长675米的街道。

"真像中国的北方小镇，这里做生意的几乎都是中国人，看这里有北方的水饺、王朝豆浆和中国大药房，真是南非的'唐人街'啊！"米娜边走边兴奋地说。

"小姑娘，你长得真俊啊！"一家店铺的中国女老板夸米娜。

米娜害羞得笑了，这地道的家乡话让她想到了在中国生活的亲人。多么亲切自然的家乡话啊，米娜好多年没有回中国了，那一刻，

她非常想家。

　　"我还想去其他的小镇走走，如果路易斯大叔在就好了。"多多说。

　　"快看，那不是路易斯大叔吗？"米娜吃惊地喊起来。

　　这时，他们看到路易斯大叔开着一辆帅气十足的跑车过来了。他俩迅速跑过去，跳到了车里。

　　虽然路易斯大叔狠狠地教训了他们，但他们心里很温暖。

　　"我带你们兜兜风，去各个小镇体验一下童话般的南非小镇生活。"路易斯大叔笑着说。

　　车子飞快地在一个又一个小镇子里穿梭，在有着平静泻湖和各种海洋生物的海滨小镇里，他们品尝着各种海鲜美味。

　　"看那些街头留着长发的艺术家，气质多好啊！"米娜指着街头一个拉小提琴的白人说。

　　"是啊，竟然还有几个南非孩子在练中国武术，那一招一式，有模有样，看来中国武术在这里很受欢迎！"多多说。

　　原来这就是南非著名的克尼斯纳镇，它位于开普省的花园大道。一望无际的大海，奇特的泻湖，和那些若隐若现的森林让这个小镇非常迷人。置身其中，总会让人忘记时间。

　　"孩子们，你们知道南非一年一度的国家艺术节吗？我带你们去奥茨胡恩看看这个艺术的殿堂。"路易斯大叔说。

　　"好啊，谢谢大叔。"米娜的嘴总是很甜。

　　车子经过一座美丽的斯瓦特山后，他们看到了很多鸵鸟。

"这是鸵鸟的家园吧，怎么会有这么多鸵鸟呢？"多多说。

原来这里还真是当地鸵鸟养殖基地，这些幸福的鸵鸟在美丽的大自然中健康快乐地成长，它们优雅的步伐跟这个小镇是那样和谐。

路易斯大叔带着他们参观了著名的刚果溶洞，这个溶洞大得可以在里面开旅游大巴。

溶洞里很热闹，很多人在表演节目，最吸引他们的是南非玩偶。那些具有南非特色的玩偶们活灵活现，看得多多和米娜目瞪口呆，连声叫好。

从溶洞出来后，他们又去了位于西海岸旁边的达琳小镇，这是南非著名的"艺术家的天堂"。艺术家们喜欢这里的优

雅，他们中的很多人选择在这里定居。这里的花很多，各种颜色的野花遍地盛开，在这些花的海洋里有着各种奇特的咖啡店、剧院和商店等。碧蓝的天空，清新的空气，宁静的小镇，谁能拒绝它的诱惑呢？

"这里真像是一幅美丽的画，又像一首春天的诗，我好想永远生活在这里。"米娜感慨地说。

后来他们又去了南非著名的鲑鱼垂钓中心德尔斯特鲁姻镇，在这个魔幻般的小镇里，米娜感觉自己简直像在画中游。

典型的荷兰建筑，各种各样的鸟类，富有乡土特色的艺术品，让米娜看得眼花缭乱。她恍恍惚惚地走进一家糖果店，各种各样稀奇古怪的糖果让她仿佛置身在童话里的糖果屋中。路易斯大叔和多多找了好久，才发现米娜正望着那些糖果发呆呢。

　　"今天太晚了，我们不能再继续前进了。"路易斯大叔扫兴地说。

　　多多和米娜不情愿地跳上了车子。一路上他们还沉浸在小镇的优雅和宁静中，米娜更是浮想联翩。

　　其实南非还有一些别具风情的法国小镇——西蒙镇；还有被称为国家文物馆的朝圣休息地镇，这个小镇里有著名的"强盗墓地"，可惜他们没有太多时间去一一体验。

　　米娜和多多非常遗憾，但路易斯大叔竟然说："遗憾也是一种美。"

　　多多和米娜怎么也不明白这句话的意思，他们还是希望能把每个小镇都转转。

第17章

醉倒在美酒之乡

"孩子们，知道吗，南非有历史上著名的康斯坦提亚山谷，这个山谷是南非康斯坦提亚甜葡萄酒的发源地。这里有一条著名的葡萄酒之路，在那里，你们能看到数不胜数的各式各样的酒窖，在那里，你们可以看到人们酿造葡萄酒的情形。你们想不想去尝尝这种葡萄酒呢？"喜欢喝酒的路易斯大叔兴致很高地问。

吃过早点，米娜和多多便跟随路易斯大叔踏上了去康斯坦提亚山谷的路途。葡萄园毗邻塔尔布山的延伸部分康斯坦提亚堡，山下便是开普敦及其延伸而出的郊区。沿途的风光美得惊人，这里种植的葡萄沐浴着佛斯湾吹来的凉爽海风，尽情吸收着充足的阳光。

　　下车后，主人热情地欢迎了他们。接下来，他们在狂野奔放的舞蹈与音乐中开始欣赏调酒师调酒。在灯光和火光中，调酒师变戏法般的变出一杯杯妙不可言的葡萄酒，这让多多和米娜大开眼界。

　　当服务员将葡萄酒倒入酒杯时，多多迫不及待地想喝一口。

　　"小朋友可不能饮酒哦。"路易斯大叔笑着说。

　　路易斯大叔使劲晃了晃杯子里的红酒，不小心将酒洒了自己一脸。大家都开心地笑了起来。

米娜突然想起妈妈在家喝红酒时也喜欢晃晃，现在才明白红酒被空气中的氧气氧化后才会更香，更有味道。路易斯大叔说放置时间很久的佳酿，倒进酒杯后，需要经过十几分钟的时间，酒的异味才会消散，原来这就是"醒酒"啊，看来酒也需要唤醒才能喝。充分氧化后的红酒香味扑鼻，喝起来真是爽极了。

　　"原来喝酒还有这么多的学问啊！"多多自言自语地说。

　　只见多多和米娜拿着高脚透明的玻璃酒杯，在里面倒上气泡水，学着路易斯大叔的样子晃来晃去，看起来可爱极了。

　　"味道好极了，真不错啊！"多多说。

　　"红酒尝起来也是甜的吗？"米娜好奇地问。

"这种说法并不完全正确，酒是先苦后甜。"路易斯大叔边说边一饮而尽。

南非的葡萄酒种类真多啊，回来的时候，他们买了一些红酒和气泡酒。路易斯大叔还买了最受游客欢迎的皮诺塔吉葡萄酒，它可是南非国家标志性的品种，打开瓶盖，酒香扑鼻。多多和米娜则买了两瓶好喝的。

天渐渐黑了，很多游客都醉倒在葡萄酒之乡里，他们或躺在草地上呼呼大睡，或东倒西歪地跟葡萄说着"晚安"，看起来好玩极了。

路易斯大叔也有点头晕了，看着天边的太阳，他觉得那是火星。

"看，米娜，那是不是火星啊？"路易斯大叔语无伦次地说。

"什么火星啊，那是太阳。"米娜捂着嘴笑着说。

他们坐着旅游大巴兴高采烈地回了宾馆，第二天一大早，路易斯大叔催着大家收拾好赶去机场，结束了他们这次南非之旅。